Unverfroren zum Erfolg

Spiele den Ball, wie er liegt. Spiele den Platz, wie Du ihn vorfindest. Wenn Du keines von beiden tun kannst, verhalte Dich fair.

Arfst-Johann Sievers

Unverfroren zum Erfolg –
Brevier für fieses Schummeln auf dem Golfplatz

Ein unterhaltender Ratgeber

Bibliographische Information der Deutschen Nationalbibliothek:

Die Deutsche Nationalbibliothek verzeichnet diese Publikation in der Deutschen Nationalbibliographie; detaillierte bibliographische Daten sind im Internet über http://dnb.d-nb.de abrufbar.

© 2016 Arfst-Johann Sievers

Alle Rechte liegen beim Autor. Jegliche Vervielfältigung oder Veröffentlichung auch auszugsweise ist ohne seine schriftliche Zustimmung in keiner Form gestattet.

Fotos: Carsten Böttcher (vorne), privat (hinten)

Herstellung und Verlag:
BoD – Books on Demand, Norderstedt
Printed in Germany

ISBN: 978-3-7392-3457-1

Inhaltsverzeichnis

1. LIEBER GEWINNEN ALS EIN GUTMENSCH SEIN 7
2. GRUNDLAGEN FÜR DEN EROLG 12
3. SCHUMMELN IN DER PRAXIS 18
   - 3.1 MEIN BALL GEHT NIEMALS VERLOREN 18
   - 3.2 MEIN BALL LIEGT IMMER GUT SPIELBAR 24
   - 3.3 MEINE SCHLAGZAHL VERRINGERT SICH 35
   - 3.4 MEIN GEGNER WIRD GESCHWÄCHT (LOCHSPIEL) 43
   - 3.5 PLANUNGEN FÜR DEN NOTFALL 48
4. AUF GEHT'S, JETZT WIRD UMGESETZT 52

1. LIEBER GEWINNEN ALS EIN GUTMENSCH SEIN

Die gute, alte Etikette

Ganz früher, als schottische Kaufleute die Beschäftigung, die später Golf genannt wurde, aus Flandern nach Schottland brachten, machte das Spiel bestimmt noch viel Spaß. Jeder hat nach eigenem Gutdünken auf den Ball gedroschen und sich Erleichterungen gegönnt, wo es ihm persönlich angebracht erschien. Dann kamen die honorigen Herren aus Edinburgh, um einen feinen Club zu gründen, Golfregeln zu erfinden und sich so etwas wie die Golfetikette auszudenken. Daraus entwickelt hat irgendein Weltverbesserer den sogenannten *Spirit of the Game*:

> „Das Spiel beruht auf dem ehrlichen Bemühen jedes einzelnen Spielers, Rücksicht auf andere Spieler zu nehmen und nach den Regeln zu spielen. Alle Spieler sollten sich diszipliniert verhalten und jederzeit Höflichkeit und Sportsgeist erkennen lassen, gleichgültig wie ehrgeizig sie sein mögen."

So ein Schwachsinn! Selbst beim Golf soll ich Rücksicht auf andere nehmen. Nicht mit mir! Denn ich bin ein Schummler. Einer, der andere übervorteilt, der beschuppst, der mogelt, der besch***t. Nennt es, wie Ihr wollt. Ich bin einer, dem es um sich geht. Die Golfetikette wurde für andere gemacht.

Ich bin keiner, der seine Mitspieler zum Spaß veräppelt. Ich bin keiner, der unbewusst betrügt, weil er die Regeln nicht kennt. Ein falscher Drop ist schnell gemacht, ein kleiner Ast bricht leicht mal ab. Ich bin auch kein Kleinganove, der den Platz an allen möglichen Stellen für nachfolgende Spieler schwieriger zu machen versucht. Ich reche keine Kanten in den Bunkersand hinein, und ich verteile kein loses Zeug rund um das Loch, so dass jeder Ball auf dem Weg dorthin abgelenkt wird.

Nein, ich bin ein eiskalter Betrüger, der wissentlich und kaltblütig zum eigenen Nutzen schummelt. Wenn es die Situation erfordert, setze ich einige Regeln außer Kraft. Oder ich lege sie so aus, dass sie mir zum Vorteil sind. In kniffligen Situationen denke ich mir neue Regeln aus. Gespielt 9, gesagt 7, aufgeschrieben 6 und später ausgebessert auf 5, ist üblich bei mir. Ich finde meinen Ball sogar an unmöglichen Stellen. Wenn ich ihn spiele, fliegt er weit und kontrolliert. Man könnte meinen, ich hätte ihn auf ein Tee gesetzt – was hin und wieder der Fall ist.

Ich muss beim Golf gewinnen, da ich auch im richtigen Leben gewinne. Ich bin kein Verlierertyp. Damit das so bleibt, überlasse ich nichts dem Zufall, sondern nehme mein Glück selbst in die Hand. Statt mich über jahrelanges Training zu verbessern, habe ich den schnellen Weg gewählt: über Schummeln. Denn dieser Weg führt zum gewünschten Ergebnis – mit Sicherheit.

Gewinnen im Golf

Gewinnen im Golf kommt für mich dreierlei daher: Handicap, Turnierpreise und Bargeld beim Zocken.

1. Beeindruckendes Handicap

Mein Handicap muss gut und anerkannt sein. Es soll besser sein, als mein Spiel es zulässt. Ein gutes Handicap verbessert mein

Standing ungemein: „Wow, Du bist ja schon unter 20. Wie cool! So wie Du wäre ich auch gerne.", heißt es dann von Freunden, Geschäftspartnern und Mitspielern im Urlaub. Wenn ich die Rangliste der Handicaps meines Club oder Verbands sehe und ich stehe unter den besten 30%, läuft es mir herunter wie Öl. Wen ich auf dem Papier schon alles hinter mir gelassen habe!

Der Deutsche Golf Verband (DGV) behauptet, dass mein Handicap gar nicht mir, sondern ihm gehöre. Papperlapapp, das Handicap ist Teil meiner Persönlichkeit. Im Internet bin ich neulich auf die Seite *wunschhandicap.de* gestoßen. Die schien perfekt für mich, um mein Handicap per Mausklick zu verbessern. Dummerweise entpuppte sich das als eine Fälschung – sogar vom DGV höchstpersönlich. Kein Wunder, dass ich das Thema selbst in die Hand nehmen muss!

An mein einmal erreichtes Handicap klammere ich mich. Was ich habe, will ich nicht wieder verlieren Auf keinen Fall darf es sich verschlechtern – und sei es nur um 0,1 Schläge nach einem übel gelaufenen Turnier. Mag sein, dass es meinen Golffreunden egal ist, wo mein Handicap steht. Mir nicht!

2. Tolle Sachpreise

Im Turnier will ich die teuren Preise ergattern, die sich bislang andere unter den Nagel gerissen haben. Sicherlich kann ich es mir leisten, die Preise im Pro Shop zu kaufen. Nur das gibt mir nichts. Viel schöner ist, sie gratis aus der Hand des Clubpräsidenten oder des Sponsors zu bekommen. Alle klatschen, ich habe die Ehre. Jeder sieht, dass ich gewonnen habe.

Wenn ich schon keinen Preis bekomme, darf ich keinesfalls Letzter auf der Ergebnisliste sein. Hier setze ich alle Hebel in Bewegung, dass mir eine solche Schmach erspart bleibt. Mein Name steht vorne, niemals hinten.

3. Reichlich bares

Gerne spiele ich um Einsätze auf der Runde. Wenn mich ein Mitspieler zum Zocken einlädt, sage ich nicht nein. Ich will dann bloß nicht mit weniger Geld nach Hause fahren, als ich gekommen bin. Also her mit Euren Scheinen! Klar, es darf mal ein Spiel verloren gehen, aber insgesamt will ich mit einem dicken Plus abschneiden. Vor allem sollen meine Kumpels, die ich erfolgreich abgezockt habe, noch lange an ihren Wunden lecken.

Alle schummeln

Bei einem bin ich mir im Golf sicher: Alle anderen schummeln ebenfalls! Schummeln ist Teil des Spiels. Jeder, der behauptet, dass er nicht schummelt, ist nicht nur ein Schummler, sondern auch ein Lügner.

Bestimmt sind unter den ehrenhaften, hoch angesehenen Mitgliedern in meinem Club viele, die zu den schlimmsten Betrügern gehören. Selbst Profis schummeln, vor allem deren Caddies. Einige Gutmenschen auf der Tour belegen sich zwar mit Strafschlägen, selbst wenn kein anderer gesehen hat, dass sich ihr Ball um den Bruchteil eines Millimeters bewegt haben soll. Für mich sind das die ganz wenigen Ausnahmen in einem riesigen Heer an Schummlern.

Wenn alle anderen es tun, dann darf ich das auch. Dann muss ich es sogar machen, um wieder für Chancengleichheit zu sorgen. Bestimmt schummle ich dabei noch viel weniger als andere. Denn ich mache es eigentlich nur, um zuvor erlittenes Pech wieder auszugleichen. Ich hake das als Kleinigkeit ab, als Kavaliersdelikt. Schuld ist letztendlich das System. Mir wird das Schummeln leicht gemacht. Beim Golf gibt es so viele Gelegenheiten, in denen ich unbeobachtet bin und etwas zu meinem Vorteil ändern kann. Bei so wenig Kontrolle darf doch nicht ich verantwortlich gemacht werden. Die Art des Spiels an sich ist schuld.

2. GRUNDLAGEN FÜR DEN EROLG

Was ich gut kann

Um erfolgreich zu schummeln, kann ich drei Dinge richtig gut:

1. Vertrauen erschleichen

Ich bin der sympathische Mensch, dem alle vertrauen. Denn gute Betrüger sind nicht die offensichtlichen Ganoven, sondern die netten Menschen. „Er war immer so zuvorkommend. Das hätte ich ihm niemals zugetraut.", heißt es dann, wenn der Nachbar nach dem üppigen Griff in die Firmenkasse das Weite gesucht hat. Bevor ich schummle, sichere ich mir daher das Vertrauen der Mitspieler. Hierfür trete ich total integer auf. „Schummeln? Nicht mit mir!", strahle ich förmlich aus. Ich bin die personifizierte Golfetikette. Einen Ball besser zu legen, einen Mitspieler zu stören, einen falschen Score zu meinen Gunsten zu akzeptieren, all das kommt für mich niemals in Frage.

Für mich gilt stattdessen: Sei freundlich, hilfsbereit und fröhlich! Ich bin ein höchst angenehmer Spielpartner. Ich freue mich aufrichtig über die guten Ergebnisse der Mitspieler. Das fällt mir im Zählspiel ganz leicht, weil ich kein Interesse habe, dass meine Mitspieler schlecht spielen. Ganz im Gegenteil, sie sollen sich wohl fühlen, denn dann drücken sie eher ein Auge zu, wenn ich zuschlage. Wenn ich als vollendeter Gentleman unterwegs bin, achten meine Mitspieler weniger auf mich und trauen mir kein Schummeln zu. Selbst schuld!

2. Regeln kennen

Ich bin regelfest. Vielleicht ist mein Schwung nicht der beste, aber die Golfregeln beherrsche ich – nicht nur in Grundzügen, sondern im Detail.

Meine Mitspieler bekommen das schnell mit. Ich weiß in einer Spielsituation sofort, wie zu verfahren ist, und belege das im Regelbuch, das ich immer dabei habe. Oder ich gebe einfach eine bemerkenswerte Entscheidung zu den Regeln ungefragt weiter, wenn es mir gerade passend scheint. Schon gelte ich als souveräner, regeltreuer Spieler. Dass meine Mitspieler meistens zu bequem sind, sich mit den Regeln zu beschäftigen, kommt mir entgegen. Und weil ich als Regelexperte gelte, nehmen sie mir umso eher ab, dass das, was ich da gerade merkwürdiges auf dem Platz mache, regelkonform ist. Sie glauben mir sogar, dass es die eigens von mir für die Situation erfundenen Regeln gibt.

3. Angeblich nicht gewinnen wollen

Preise und ein gutes Handicap sind mir egal. Mir geht es beim Golf alleine um das faire Miteinander. Hä, was? Natürlich will ich gewinnen, die wertvollen Preise absahnen und ein Handicap haben, das einem tollen Hecht wie mir angemessen ist. Nur darf das eben keiner wissen. Daher gaukle ich den Mitspielern vor, dass mir der schlechte Schlag gerade egal ist, dass ich das hohe Ergebnis vom letzten Loch gleichgültig akzeptiere und dass es mir nur auf Fairness, Freude und die Einhaltung von Regeln ankommt. Ich will Spaß haben, und es reicht mir die angenehme Unterhaltung mit den Mitspielern, um die Runde in guter Erinnerung zu behalten.

Selbst wenn es mir extrem schwer fällt: Ich erwecke niemals den Eindruck, dass ich sauer bin, weil ich gerade verliere oder die Ergebnisse schlechter werden. Was für ein vorzüglicher Moment, wenn mein Zähler sich zu meinen Gunsten verzählt und ich ihn für jedermann gut hörbar und freundlich korrigiere: „Nein, mein Lieber, das war wirklich eine 8!" Klar, wer nachher die Score-Karte eigenhändig überarbeitet, kann da sehr souverän sein.

Marshall gesucht

Neben diesen drei Fertigkeiten nutze ich aus, dass üblicherweise kein Mitspieler die gute Stimmung auf der Runde oder im Turnier trüben möchte. Meine Schummeleien, sofern entdeckt, werden nur höchst selten geahndet, weil es meinen Mitspielern zu peinlich ist, mich des Schummelns öffentlich zu bezichtigen. Den Golfer will ich sehen, der es sich leicht macht, einen solchen Eklat hervorzurufen. Wer mich beim Schummeln überführen möchte, muss daher drei Dinge schaffen:

1. Er muss mich beim Schummeln ertappen. Das kann durchaus passieren.

2. Er muss wissen, dass ich tatsächlich gegen eine Golfregel verstoßen habe. Alleine ein komisches Bauchgefühl zu haben, reicht nicht aus. Das kommt schon seltener vor, weil kaum einer die Regeln in Gänze gut kennt.

3. Er muss den Mut haben, mich der Schummelei zu bezichtigen und selbst dann daran festzuhalten, wenn ich vehement das Gegenteil behaupte. Das macht kaum einer. Denn vielleicht hat er

nicht Recht. Im Zweifel steht dann Aussage gegen Aussage, so dass nicht gegen den Angeklagten entschieden wird. Vielleicht will auch die Spielleitung jeglichen Ärger verhindern und geht der Anklage nicht nach. Alles Risiken, die der korrekt handelnde Mitspieler auf sich nimmt. Welcher Nutzen steht diesen Risiken entgegen? Keiner, außer dass er sich selbst gegenüber die Bestätigung bekommt, dass er ein Etikette-treuer Spieler ist. Wem ist so etwas dieses Wagnis schon wert?

Kein Wunder, dass es kaum einer macht: Nach fünf langen und stressvollen Tagen im Büro steht der typische Golfer endlich auf dem Platz. Worauf er am wenigsten Lust hat, ist, dass dort der Stress weitergeht. Keiner will sich wie ein Marshall oder ein Streifenpolizist fühlen, indem er auf Unregelmäßigkeiten hinweist und Leute maßregelt. Die Leute wollen ihre Runde in Ruhe spielen. Vielleicht ahnen sie, dass etwas nicht stimmt mit dem, was ich da mache. Bestimmt hoffen sie, dass sich das alles von alleine in Wohlgefallen auflösen wird, so dass sie nicht einzuschreiten brauchen.

Schummeln mit Augenmaß

Um nicht doch unnötigerweise überführt zu werden, betreibe ich Risiko-Management. Ich schummle weder plump noch dann, wenn es um nichts geht. Lieber schummle ich diskret und mit Bedacht. Damit sich meine Fassade als vertrauenswürdiger Mensch aufrecht hält, gehe ich keinerlei Risiken ein. Wenn ich es zu bunt triebe, käme umso eher ein Mitspieler auf die Idee, dass hier was falsch läuft. Oder schlimmer noch: Gleich mehrere Mitspieler fühlen sich zusammen stark genug, mir das Handwerk zu legen und mich bei der Spielleitung anzuschwärzen. Ich betrüge daher geschickt, auf dass mich keiner erwischt, und unterlasse den Blödsinn, den bedenkenlose Amateure machen: Wenn ein Ball tief in ein fieses Rough fliegt, ist es höchst verdächtig, wenn ich ihn dort finde und dann auch noch ordentlich spiele. Ich als Profi finde andere Mittel, um mir durch diesen Schlag nicht die Preise oder das gute Handicap entgehen zu lassen. Privatrunden, die ich alleine spiele, nutze ich, um Schummeltricks auszuprobieren. Wie ich geschickt einen neuen Ball in's Spiel bringe und wie ich meinen Ballmarker beim Putten näher an die Fahne befördere, lerne auch ich nur durch Üben.

Ich schummle nur dann, wenn es mir etwas bringt. Jedes Schummeln birgt die Gefahr, dass mich einer ertappt und mir den Ruf als Schummler anhängt. Diesem Risiko muss ein entsprechender Nutzen gegenüberstehen: die Verbesserung des Handicaps, ein attraktiver Preis im Turnier oder Bargeld beim Zocken mit den Mitspielern. Auf irgendeiner x-beliebigen Privatrunde, bei der es um nichts geht, schummle ich daher nicht. Niemals! Hier gibt es nichts zu gewinnen. Nur zu verlieren: den Ruf als vertrauenswürdiger Mitspieler.

Wenn es richtig schlecht mit meinem Spiel läuft, schummle ich ebenfalls nicht. Denn ich müsste schon extrem viel betrügen, um die Handicap-Verschlechterung abzuwenden. Wer sieben Löcher im Zählspiel streicht, wird es schwer haben zu erklären, warum es dennoch für einen Preis gereicht hat. Wenn ich auf einer Bahn schon weit davon entfernt bin, ein akzeptables Ergebnis zu erzielen, warum soll ich dann noch schummeln? Um aus der 11 eine 9 zu machen? Blödsinn. Ich habe nur begrenzt

Möglichkeiten, den Argwohn meiner Mitspieler zu strapazieren. Diese Gelegenheiten verschwende ich nicht. Vor allem, wenn es ausnahmsweise einmal richtig gut läuft, überlege ich mir gründlich, ob ich das Ganze noch mit etwas Schummeln aufpeppen möchte. Warum zusätzliche Risiken eingehen, wenn ich höchstwahrscheinlich eh in den Preisen bin oder sich mein Handicap in die richtige Richtung verändert?

So viel zu den theoretischen Grundlagen. Jetzt geht es auf den Platz, um das alles in die Praxis umzusetzen.

Bei den nun folgenden Hinweisen gehe ich gar nicht erst darauf ein, welche Golfregeln ich mit meinem Tun gerade verletze. Es ist davon auszugehen, dass das, was ich auf den folgenden Seiten empfehle, generell nicht regelkonform ist – dafür aber umso wirksamer.

3. SCHUMMELN IN DER PRAXIS

Vier Grundsätze sind es, die mich auf jeder Spielbahn antreiben:

1. Mein Ball geht niemals verloren.

2. Mein Ball liegt immer gut spielbar.

3. Meine Schlagzahl verringert sich, d.h. das von mir an einer Bahn gespielte Ergebnis kommt oft besser in die Wertung.

4. Mein Gegner wird geschwächt (im Lochspiel).

Für etwaige Notfälle treffe ich selbstverständlich Vorkehrungen.

3.1 MEIN BALL GEHT NIEMALS VERLOREN

Ballwahl mit Bedacht

Beim Ball halte ich es wie die Tour Pros: Auf einer Runde spiele ich immer das gleiche Modell der gleichen Marke mit der gleichen Nummer. Das ist wichtige Voraussetzung, damit mein Ball niemals verloren geht. Ich spiele zwei dieser Bälle abwechselnd, damit sie gleichmäßig abnutzen und verschmutzen. Wenn einer verloren geht, bringe ich den anderen ein und deklariere ihn als den verloren geglaubten. Weitere Bälle dieser Art habe ich in der Tasche als Ersatz. Dabei beschränke ich mich auf gängige Bälle bekannter Hersteller (wie zum Beispiel Titleist) ohne weitere Logos. Als persönliche Markierung nehme ich etwas Unauffälliges wie Punkte oder eine Linie.

Beim ersten Abschlag, wenn üblicherweise angesagt wird, welchen Ball man spielt, bleibe ich vage: „Ich spiele einen weißen Wilson mit zwei Punkten." Ich halte ihn kurz hoch, wohlwissend, dass kein Mitspieler ihn richtig erkennt. Die Marke nuschele ich nur. Das macht es mir leichter, ihn später auf der Runde gegen andere Bälle auszutauschen, die auf diese Beschreibung passen.

Alleine suchen

Ist mein Schlag etwas verunglückt und der Ball kommt außerhalb des Fairways zum Liegen, suche ich ihn am liebsten alleine. Denn dann konzentriere ich mich einfach besser auf den verlorenen Ball – und auf das Einbringen seines Nachfolgers. Für die Mitspieler ist das ebenfalls von Vorteil, denn die brauchen sich nicht durch das Unterholz oder das tiefe Rough zu quälen. Gerade bei kurzen Hosen verletzt man sich leicht an irgendwelchen Dornen. Ich schlage daher vor, dass ich meinen Ball alleine suche und schicke die anderen weg mit der Bemerkung, dass ich selbst genau weiß, wo er liegt und ihn gleich finden werde. Ich würde sie schon noch rufen, wenn ich den Ball wider Erwarten doch nicht finden sollte. Alternativ bin ich schon längst an der Stelle angekommen, an der ich meinen Ball vermute, und finde ihn sogar (Haha!), bevor die anderen Spieler da sind. Den gefundenen Ball schlage ich einfach, ohne vorher noch zu rufen: „Habe ihn gefunden, der liegt gut."

Mit etwas Glück finde ich manchmal tatsächlich meinen verunglückten Ball. In den übrigen Fällen habe ich gleich mehrere Optionen: Ich deklariere einen passenden Fundball selbstbewusst als meinen eigenen Ball. Weil ich nur vage angesagt habe, wie mein Ball aussieht, erkennen die Mitspieler nicht, dass es sich gar nicht um ihn handelt. Würde ich diesen Ball jedoch weiterspielen, könnte der Betrug später auf dem Grün auffallen. Daher lege ich meine Mütze zur Markierung direkt neben dem gefundenen Ball ab, während ich den passenden Schläger hole. Die Mitspieler ziehen ab, und ich bringe ein Duplikat meines verlorenen Balls neu ein. Weil ich dieses Duplikat vorher schon abwechselnd mit dem verlorenen Ball gespielt habe, fällt der Austausch später keinem Mitspieler auf. Klar, dass ich bei der Gelegenheit den Ball besser lege oder aufsetze.

Einem neuen Ball die Chance geben

Ist mir die Sache mit dem Fundball zu riskant, oder ich finde noch nicht einmal einen anderen Ball, bringe ich geschickt einen neuen Ball ein. Natürlich handelt es sich dabei wieder um ein Duplikat meines verloren gegangenen Balls. Um in solchen Situationen schnell und unauffällig zu handeln, halte ich das Duplikat schon lange vorher verdeckt in meiner Hand, bevor ich zu der Stelle gehe, an der gesucht werden soll. An passender Stelle lasse ich den neuen Ball einfach aus der Hand fallen, oder ich bücke mich nach irgendetwas, und dabei lege ich den Ball einfach ab. Ich könnte dabei das Identifizieren des gerade gefundenen Balls vortäuschen. Oder ich habe vorher schon bewiesen, dass ich mich für die Pflanzen des Golfplatzes interessiere und mich häufig nach ihnen bücke, um sie genauer zu betrachten. Manchmal fällt mir ein Schläger herunter, und beim Aufheben liegt da plötzlich mein Ball, den ich nach einer kurzen Ehrenrunde im Rough endlich finde.

Ein Trick unserer Großväter war, den neuen Ball aus der Hosentasche durch das Hosenbein nach unten gleiten zu lassen. Selbst James Bond wurde von Gerd Fröbe auf diese Weise schon betrogen. Besser ist, den Ball in der Hose unter dem (extra dafür verwendeten, breiten) Gürtel einzuklemmen und dann durch das (weite) Hosenbein fallen zu lassen. Hier gilt es darauf zu achten, dass sich der Ball nicht in der Unterwäsche verfängt. Schöpfen die Mitspieler Verdacht, gebe ich mich unschuldig und krempele meine Hosentaschen nach außen. Meine Mitspieler finden nicht das erhoffte Loch in der Tasche und sind beschämt. Es ist dann eher unwahrscheinlich, dass sie sich ein weiteres Mal trauen, mich bei anderer Gelegenheit des Schummelns zu bezichtigen.

Eine andere Möglichkeit ist, den neuen Ball zu Beginn der Suche an einer Stelle einzubringen, die etwas abseits vom Suchgebiet ist. Dann lasse ich meine Mitspieler ein paar Minuten suchen. Wird mein ursprünglicher Ball gefunden, bedanke ich mich für das Finden, spiele den Ball und sammle den zuvor von mir fallengelassenen als Fundball auf. Wird mein Ball nicht gefunden, drehe ich einen größeren Kreis um das Suchgebiet, finde natürlich meinen zuvor fallen gelassenen Ball, deklariere ihn als den verlorenen und spiele weiter.

Wie ich einen neuen Ball unbemerkt einbringe, habe ich geübt. Wichtigste Voraussetzung ist, dass mich kein Mitspieler dabei sieht. Vor dem Einbringen prüfe ich daher beiläufig, ob mich gerade jemand beobachtet. Dabei darf jedoch niemand bemerken, dass ich mich nach deren Blicken umschaue. Vielmehr achte ich auf ein Vogelgeräusch oder vollziehe noch einmal die vermutete

Flugbahn meines Balls nach mit Blick auf die Stelle, von der ich geschlagen habe. Jeglichen Sichtschutz wie einen Baum, Sträucher, meine Golftasche oder meinen eigenen Körper nutze ich aus. Bei Annäherungsschlägen in Richtung Grün kontrolliere ich vorher, ob der Ball nicht doch schon im Loch liegt. Das kommt zwar nur sehr selten vor, aber für den Fall, dass es wirklich so ist, will ich vorbereitet sein.

Dass ich meine Bälle immer finde, wirkt umso glaubwürdiger, je häufiger ich vorher schon die Bälle meiner Mitspieler gefunden habe. Beim Suchen nach deren Bällen mache ich daher emsig mit. So erarbeite ich mir den Ruf eines wahren Ballfinders, der ein gutes Gespür für den Flug von Bällen hat. Wenig vertrauenserweckend ist dagegen, wenn ich meinen eigenen Ball wiederholt gut spielbar im Rough finde, aber mir das bei den Bällen der Mitspieler nie gelingen will.

Am Wasser

Muss ich über ein Wasserhindernis schlagen, und der Ball könnte darin verschwunden sein, finde ich meinen Ball oft hinter dem Wasserhindernis wieder, also zwischen Wasserhindernis und Grün. Er ist also doch nicht im Wasserhindernis verloren gegangen, wie die Mitspieler glaubten, sondern hat es noch auf das rettende Ufer geschafft. Dass ich hierfür heimlich einen neuen Ball eingebracht habe, als die Mitspieler an anderer Stelle suchten, wissen sie nicht.

Wenn mein Ball weit neben das Fairway an eine Stelle fliegt, bei der ein Wasserhindernis in der Nähe ist, bin ich felsenfest davon überzeugt, dass er dort drin liegt und nicht verloren oder im Aus ist. Ich wende dann die Wasserhindernisregel an und erhalte einen Strafschlag, verliere aber zumindest nicht die Distanz.

Ist kein Wasserhindernis in der Nähe und mein Ball fliegt tatsächlich in Richtung Aus, finde ich ihn dennoch immer diesseits der Ausgrenze. Er liegt sogar so, dass ich ihn gut schlagen kann. Dem neu eingebrachten Ball sei Dank!

Zweifler

Mitunter äußert ein lästiger Mitspieler bei meinen Aktivitäten Zweifel daran, dass es sich bei dem angeblich gefundenen Ball tatsächlich um meinen verloren gegangenen handelt. Von mir kommt dann die lapidare Antwort, dass ich bewusst den Ball beim Abschlag ausgetauscht habe, da ich kein Vertrauen in den bislang gespielten Ball mehr hatte oder an dieser Bahn wegen ihrer speziellen Charakteristik immer einen anderen Ball spiele. Das verbinde ich natürlich mit der Entschuldigung für mein Versäumnis, den Austausch am Abschlag nicht bekannt gegeben zu haben. Wenn ein Mitspieler zweifelt, dass mein Ball dorthin geflogen ist, wo ich ihn „gefunden" habe, verweise ich auf Bäume, von denen er abgeprallt ist. Oder es gibt Bodenunebenheiten, die ihn deutlich verspringen lassen haben. Wenn ich einen neuen Ball eingebracht habe und der ursprüngliche Ball wird gefunden, dann stammt dieser von der gestrigen Runde oder ist der eines anderen Spielers. Aus diesem Grund spiele ich eben nur Allerweltsbälle mit gängiger Markierung, die auch viele andere Golfer verwenden.

3.2 MEIN BALL LIEGT IMMER GUT SPIELBAR

Leder-Wedge und mehr

Nur selten liegt mein Ball wirklich gut. Daher muss ich oft nachhelfen. Unbemerkt von meinen Mitspielern bringe ich den Ball in eine bessere Position. Das geht per Hand (legen oder schubsen), per Fuß (die berühmte „Leder-Wedge"), mit dem Schläger (ideal auch zum Niederdrücken von Gras am Ball) oder dem Regenschirm (falls ich den gerade in der Hand habe). Schon liegt der Ball nicht mehr in einem Divot oder am Rand des Vorgrüns, wo hohes Gras den Kontakt zum Ball erschwert. Oder der Ball ist aus dem Rough doch wieder auf den ersten Schnitt neben das Fairway gewandert. Ein Ball, der vorher im tiefen Gras wie vergraben war, liegt jetzt gut spielbar oben drauf. Bei Bällen im Rough habe ich meistens das Glück, dass sie auf einer Pflanze oder einem kleinen Sandhügel liegen. Die Bälle anderer Spieler suchen sich immer den niedrigsten Punkt in der Umgebung, um dort schlecht spielbar liegen zu bleiben. Nur bei meinen Bällen wird die Physik außer Kraft gesetzt.

Mein Ball liegt immer so, dass ich eine freie Spiellinie habe. Durch Bäume hindurch, unter Bäumen entlang oder mit Hindernissen im Weg spielt keiner gerne. Ich brauche es dank meiner gerade genannten Techniken fast nie zu tun, so dass ich immer den direkten Weg zum Grün nehmen kann.

Gerne gebe ich meinem Schlag etwas mehr Länge, indem ich den Ball im Vorbeigehen nach vorne kicke. Dieser Kick kommt automatisch beim Gehen, meinem Gang sieht man das nicht an.

Ich habe geübt, wie ich gerade schieße und auf dem Fairway bleibe. Wichtig ist, dass die Mitspieler meinen Ball nach dem Kick nicht noch rollen sehen und sie vorher nicht mitbekommen haben, wo er nach der Landung lag.

Vom Tee

Am besten spiele ich vom Tee. Das mache ich nicht nur am Abschlag wie alle anderen Spieler, sondern überall dort, wo es mir notwendig erscheint. Gerade im Rough ist das der Fall. Der Ball fliegt dann ebenso lang und kontrolliert wie am Abschlag. Hierfür verwende ich unauffällige, holzfarbene Tees, die nur bei genauem Hinsehen erkennbar sind. Am Abschlag nehme ich natürlich auffällige, weiße Tees. Die unauffälligen Tees setze ich ein, wenn ich unbeobachtet bin und so tue, als ob ich mir die Lage des Balls genau ansehe. Dabei hocke ich mich hin und verdecke den Mitspielern die Sicht auf mich und mein Tun. Obwohl mich der Verlust schmerzt, lasse ich das Tee meistens stecken, um beim erneuten Bücken nach dem Schlag nicht unnötig Verdacht zu wecken. Wenn ich es aufnehme, dann nicht mit der gleichen grazilen Bewegung wie am Abschlag, wenn ich das Tee auflese, sondern indem ich mich hinhocke und noch einmal den malträtierten Boden vorsichtig nach meinem Schlag ausbessere. Für den Schlag nehme ich nicht den Driver, das fällt auf, weil es kein vernünftiger Mensch machen würde. Stattdessen spiele ich den Schläger, den ich sonst auch nehmen würde. Beim Eisen darf es ruhig ein längeres sein, also statt Eisen 8 auch einmal ein Eisen 7 oder 6.

Werfen statt Schlagen

In manchen Situationen ist Werfen besser als Schlagen. Das ist der Fall, wenn ich den Ball irgendwo hingeschlagen habe, wo mich keiner sieht, also hinter einen Wall oder eine dichte Baumreihe. Sinnvoll ist es vor allem dann, wenn es keinen weiten Wurf braucht, sondern einen hohen und kurzen, wie es typischerweise rund um das Grün der Fall ist. Ich achte darauf, dass der Ball durch das Werfen keinen Vorwärtsdrall bekommt und nur kurz ausrollt. Das Werfen habe ich vielfach außerhalb des Golfplatzes geübt, denn der ungeschickte Werfer bringt sich in noch schlechtere Lagen als die, aus denen er wirft.

Jede Menge free drops

Auf einer typischen Runde bekomme ich mehrfach straflose Erleichterung und kann den Ball in eine bessere Lage droppen. Dass mir das oft passiert, wenn es nach den Regeln nicht vorgesehen ist, versteht sich von selbst. Den nächstgelegenen Ort der Erleichterung bestimme ich höchst kreativ und nicht wirklich regelkonform. Solange kein Mitspieler motzt, bremst mich nichts. Jede Unebenheit wird von mir als Spur eines Erdgänge grabenden Tieres deklariert, um einen *free drop* in Anspruch zu nehmen. Als Experte für die heimische Tierwelt weiß ich, dass es sich mit Sicherheit um genau so ein Tier gehandelt haben muss. Getrocknete Karnickelködel, die ich um den Ball herum verteile, verleihen meiner Forderung Nachdruck.

Wo sich keine Tierspur findet oder die nähere Umgebung meines Balls alles andere als gut bespielbar aussieht, erkenne ich

Boden in Ausbesserung. Von diesem darf ich gemäß Regeln ohne Strafschlag droppen. Hierfür erinnere ich mich irgendwelcher Platzregeln, die den Weg auf die Score-Karten noch nicht oder nicht mehr gefunden haben und auf die ich mich jetzt beziehe. Diese besagen, so behaupte ich, dass man an dieser Bahn und an dieser Stelle einen straflosen Drop bekommt.

In meiner Golftasche befinden sich Reste von blauen Pfählen, mit denen Boden in Ausbesserung markiert wird. Natürlich ordnungsgemäß verwittert und nicht nagelneu. Ein solcher ist in mein Handtuch, mit dem ich mir den Schweiß vom Kopf wische oder bei Regen die Hände abtrockne, versteckt. Wenn ich dieses benutze, lasse ich den Pfahl unbemerkt fallen. Und schon habe ich allen Grund, auf meinem straflosen Drop zu bestehen, da die Markierung für Boden in Ausbesserung eindeutig gegeben ist. Den Pfahl versuche ich nach dem Schlag nach Möglichkeit wieder einzusammeln.

In meiner Hosentasche habe ich immer den Rest eines blauen Bandes dabei, ebenso verwittert wie der Pfahl. Mit derlei Bändern werden Bäume markiert, die geschont werden sollen und in die man daher nicht schlagen darf. Liegt mein Ball ungünstig an Bäumen oder Sträuchern, werfe ich unbemerkt ein solches Band nahe meinem Ball hin. Ich bin dann über alle Zweifel erhaben und gewähre mir den straflosen Drop.

Wandern im Rough

Liegt mein Ball in ungünstigem Rough, werde ich zum Wanderer. Was ich alles in kurzer Zeit an Gestrüpp beiläufig platt trete! Ich gehe wiederholt um den Ball herum, um die Spiellinie zu finden. Ich gehe mehrfach zur Golftasche, um den Schläger zu wechseln. Ich probiere mehrere Standpositionen aus, und schon ist die Ebene geschaffen, die ich für einen guten Schlag brauche. Mit dem Schläger drücke ich diskret den Boden rund um den Ball nieder. Das geht am besten mit einem Holz, das ich dann aber wieder zur Golftasche zurückbringe, da ich mich doch für ein Eisen entschieden habe.

Kurvenbälle am Wasser

Manchmal kann selbst ich nicht leugnen, dass mein Ball in einen Teich geflogen und nicht wieder herausgekommen ist. Dann droppe ich den Ball nach Wasserhindernisregel. Allerdings mache ich das an einer Stelle, die mir gefällt – was nicht die ist, die die Regelhüter vorsehen. Als Bezugspunkt zum Droppen nehme ich nicht die Stelle, an der der Ball die Grenze zum Wasserhindernis überquert hat. Nein, ich orientiere mich an der Lage des Balls im Wasser und finde eine schöne Stelle neben dem Teich (auf ebenen Boden achten!) fast auf Höhe des Balls. Mein Ball ist eben in einer starken Kurve geflogen, zum Schluss sogar quer zur Spiellinie. Ich wende dadurch den riskanten Schlag über das gesamte Wasserhindernis ab und bin auch näher zur Fahne.

Liegt mein Ball in einem frontalen Wasserhindernis, das stellenweise von Bäumen umsäumt wird, finde ich zum Droppen bestimmt keine Stelle, von der mir so ein Baum beim Schlag im Weg steht. Mein Blick auf die Fahne muss immer frei sein.

Tanzen im Bunker

War ich im Rough noch ein Wanderer, werde ich im Bunker zum Tänzer. Ist mein Ball ungünstig eingegraben, lege ich ihn vor meinem Schlag etwas frei. Wenn keiner schaut, wird der Schläger behände aufgesetzt, und schon umgibt den Ball von hinten kein Sand mehr.

Die Regeln erlauben mir, eine Standposition im Bunker herzustellen. Also stelle ich mich an eine passende Stelle und fange an zu tanzen: Durch drehende Bewegungen der Füße im Sand schaffe ich mir einen festen Stand. Dumm nur, dass ich mir eine vermeintlich falsche Stelle ausgesucht habe. Also wechsele ich die Position und fange wieder an zu tanzen. Nur kurze Zeit später ist der Boden rund um meinen Ball schön bearbeitet.

Aus ganz tiefen Grünbunkern bleibt mir nur der Wurf, um mit einem „Schlag" herauszukommen. Tief muss der Bunker sein, damit mich niemand dabei beobachten kann. Meine Wurftechnik habe ich inzwischen perfektioniert: Als Rechtshänder halte ich den Schläger nur in der rechten Hand und schwinge ihn wie sonst hoch auf und durch den Sand, so dass er das passende Geräusch macht. Gleichzeitig werfe ich den Ball mit der linken Hand im hohen Bogen aus dem Bunker – selbstverständlich zusammen mit einer Handvoll Sand.

Um das Grün herum

Auf vielen Bahnen wächst das Gras um das Grün herum schön dicht, und es ist etwas länger als das auf dem Fairway. Hieraus spiele ich nur ungern, denn selbst die Profis machen sich dabei hin und wieder zum Deppen, wenn der Ball nur wenige Zentimeter hoppelt oder quer über das Grün schießt. Liegt mein Ball dort, stochere ich mit dem Schläger um ihn herum, so dass er fast vollständig herausschaut und ich ihn einfacher spielen kann. Oder ich nehme ihn zum Identifizieren auf und lege ihn dann ganz vorsichtig auf dem Gras oben ab.

Wenn meine Annäherung auf ein Grün nicht zu finden ist und sogar meine Mitspieler unsicher sind, wo mein Ball liegen könnte, lege ich einen identischen Ball unbemerkt in das Loch. Am besten ist es, wenn ein Mitspieler ihn dort für mich findet. Dieses Mittel wende ich besser nicht zu oft auf dem gleichen Platz oder mit den gleichen Leuten an.

Beim Putten

Einen gut spielbaren Ball auf dem Grün zu haben, bedeutet für mich, einen möglichst einfachen Putt machen zu müssen. Dabei gilt: Je näher der Ball zur Fahne liegt, desto besser. Über irgendwelche unnötigen Wellen, Grünbeschädigungen oder Vorgrün, das in meine Puttlinie ragt, will ich nicht spielen. All das erreiche ich durch folgendes:

1. Mein Ballmarker liegt günstiger als mein Ball.

Auf dem ganzen Platz bin ich schnell unterwegs. Langsames Spiel nervt unisono alle Golfer. Daher bin ich fast immer als erster auf dem Grün, so dass meine Mitspieler nicht sehen können, dass ich den Ballmarker deutlich näher an die Fahne werfe, als mein Ball liegt. Dieses Werfen habe ich geübt. Wenn ich mich nach meinem Ball bücke, schleudere ich meinen Ballmarker mit einer schnellen Bewegung aus dem Handgelenk. Dann tue ich so, als ob ich einen Marker an meinen Ball legen würde, und hebe meinen Ball auf

Mein Ball ist markiert, bevor meine Mitspieler dessen eigentliche Lage erkennen konnten. Hierfür verwende ich nur unauffällige Marker, die die Mitspieler nur schlecht sehen und daher keinen Verdacht schöpfen. Kleine, alte Kupfermünzen ohne Glanz eignen sich gut dafür. Deren Braun ist auf dem Grün nur schwierig erkennbar. Wenn meine Mitspieler auf dem Grün eintreffen, bessere ich eifrig Pitch-Marken aus. Nicht nur meine eigene, sondern auch die anderer Spieler, die das mal wieder vergessen haben. Das erklärt, warum ich gerne früh am Ball bin: Um ohne Verzögerung die Grüns zu reparieren und anderen Spielern die Arbeit abzunehmen.

2. Mein Ballmarker wandert.

Sollte ich mit der Lage meines Ballmarkers nicht einverstanden sein, schiebe ich ihn mit dem Putterkopf näher an das Loch. Ich stehe dafür an der Stelle meines Balls und habe den Putter locker auf den Boden gestellt – zufällig an meinem Marker. Während andere Spieler mit ihren Putts beschäftigt sind, schiebe ich den Marker langsam nach vorne. Ballmarker, bei denen ein kleiner Stift in den Boden hineinragt, sind daher nichts für mich. Magnetische Versionen mag ich hierfür ebenso wenig, da diese am Putter haften bleiben.

3. Ich schöpfe das Wechselspiel von Ball und Ballmarker voll aus.

Beim Markieren des Balls lege ich den Ballmarker vor den Ball, so dass er zwischen Ball und Fahne liegt. Wenn ich den Ball dann wieder hinlege, postiere ich ihn vor den Ballmarker, also wieder ein Stückchen näher zur Fahne. Eigentlich ist mir diese Methode zu amateurhaft, daher peppe ich sie mit einem leichten Schubser für den Ball etwas auf: Wenn ich mich zum Ball bücke, um den Marker hinzulegen, schiebe ich den Ball leicht nach vorne und lege dann den Marker vor den verschobenen Ball. Den Ball lege ich dann großzügig vor dem Marker wieder ab. Das bringt weitere Zentimeter beim Verkürzen des Putts.

Eine Methode, die dreister ist und mir daher mehr liegt, geht so: Ich markiere meinen Ball mit einem unauffälligen Marker, nehme den Ball auf und gehe zur Fahne, um mir von dort die Puttlinie anzuschauen oder lose, hinderliche Naturstoffe aufzulesen. Dabei lasse ich einen identischen Marker deutlich näher zur Fahne fallen. Dann gehe ich zum ursprünglichen Marker zurück und hebe diesen in einem passenden Moment auf. Manchmal muss ich mir die Schuhe neu binden, und wenn ich schon mal unten bin, ist der Ballmarker schnell verschwunden. Wenn ich an der Reihe bin, lege ich meinen Ball beim geworfenen Marker hin. Für diese Methode bieten sich magnetische Ballmarker an, denn so kann ich sie mit dem Putterkopf geschickt aufheben.

Interessant wird es beim Versetzen meines Ballmarkers, wenn dieser einem Mitspieler bei dessen Putt im Weg liegt. Manch ein Golfer mag es nicht, seinen Marker um ein bis zwei Putterkopf-Längen zu versetzen. Für mich ist das die ideale Situation, um näher an die Fahne zu kommen, denn ich versetze gleich um die ganze Länge des Putter-Schafts. Das ist meine freundliche Geste an den Puttenden, den mein Ball stört, denn so sollte mein Ballmarker überhaupt nichts mehr mit seiner Puttlinie zu tun haben. Natürlich liegt mein Putter dabei nicht senkrecht zur Puttlinie, weder beim Versetzen des Ballmarkers auf diese Weise noch beim Zurücklegen. Stattdessen halte ich den Putter schräg zum Loch hingewendet, so dass der Marker in beiden Fällen deutlich näher zum Loch wandert.

4. Ich nehme den Flaggenstock zu Hilfe.

Wenn ich es besonders toll treibe, lege ich den Flaggenstock beim Herausnehmen so hin, dass ein Ende über dem Loch und das andere Ende nahe an meinem Ball liegt. Aus Versehen trete ich fest drauf und schaffe eine Rinne, durch die mein Ball wie auf Schienen zum Loch gleitet. Auf nassem Gras mache ich das nicht, da der Flaggenstock dann eine sichtbare Spur hinterlässt.

Sicherheit geht vor

Nach außen bin ich ein beliebter und integrer Spieler. Daher kann ich es mir nicht leisten, bei all diesen Mogeleien erwischt zu werden. Hierfür habe ich mir folgendes angewöhnt:

Ich bin als erster an meinem Ball, so dass mich keiner beobachten kann, was ich mit ihm mache. Vorlaufen ist nicht gemäß Etikette, denn die sagt, dass alle Spieler einer Gruppe auf gleicher Höhe bleiben sollen. Ich nicht. Ich bin schnell. Ich verlangsame das Spiel nicht.

Meine Tasche und meinen Trolley postiere ich so, dass sie mir Sichtschutz bei meinem Tun geben. Und ich stelle mich selbst so geschickt hin, dass mich meine Mitspieler nur von meiner unschuldigen Seite sehen. Wenn es regnet, leistet mir ein aufgespannter Regenschirm wunderbare Dienste, wenn ich ihn als Sichtschutz auf den Boden lege.

Ich verbinde geschickt etwas, das erlaubt ist, mit dem Besserlegen meines Balls. Wenn ich mich bücke, um lose hinderliche Naturstoffe sichtbar zu entfernen, dann nutze ich die Gelegenheit, meinen Ball besser zu legen oder auf ein Tee zu setzen. Oder wenn ich den Ball aufnehme, um ihn zu identifizieren, verfahre ich so. Oft vermute ich, dass mein Ball in sein eigenes Einschlagloch eingegraben ist. Dann nehme ich ihn auf und prüfe das. Gerne gebe ich dabei den Hinweis, dass der Platz an vielen Stellen feucht ist und Bälle sich daher leicht eingraben, was man von oben nicht immer gleich sieht. Oder ich weise auf Aussagen anderer Spieler des Clubs hin, dass die Fairways voller spitzer Steine sind, die hin und wieder einen Ball aufritzen. Daher muss ich meinen Ball aufnehmen, um zu prüfen, ob er überhaupt noch spielbar ist.

Ich nutze die Gelegenheit, wenn Mitspieler durch etwas anderes abgelenkt sind. Also wenn sie sich auf den Schlag oder Ballflug eines Mitspielers konzentrieren. Oder wenn sie mit anderen Spielergruppen in Kontakt kommen und sich herzlich begrüßen. Wenn sie einem Flugzeug hinterherschauen oder ein Reh beobachten, auf das ich sie aufmerksam gemacht habe. Wenn der Versorgungswagen kommt und sie nur noch Erfrischungen im Kopf haben. Perfekt ist, wenn sie mit dem Suchen eines anderen

Balls beschäftigt sind. Natürlich helfe ich ihnen dabei. Nur stelle ich im Interesse eines zügigen Spiels noch schnell meine Golftasche an meinem Ball ab – und schon liegt er besser.

Der Feind lauert mitunter außerhalb der eigenen Spielergruppe. Nicht nur meine eigenen Mitspieler, sondern auch Spieler auf anderen Bahnen, auf der Driving Range oder auf der Terrasse des Clubhauses sind potenzielle Aufdecker meines Schummelns. Bahnen, die nebeneinander verlaufen und auf denen andere Spieler sind, mag ich gar nicht. Marshalls und übrige Aufpasser sind mir ebenso unlieb. Daher verhalte ich mich dort, wo andere Menschen mich gut beobachten können, sehr korrekt. Die Grüns der Bahnen 9 und 18, wenn sie denn am Clubhaus liegen, sind solche Tabuzonen.

3.3 MEINE SCHLAGZAHL VERRINGERT SICH

Abgelenkte Mitspieler

Auf meiner Golfrunde bin ich mit den Mitspielern ganz alleine unterwegs. Weder Zuschauer noch Kameras begleiten uns. Außer uns selbst kontrolliert uns keiner. Niemand sonst bekommt mit, was wir an jeder Bahn gespielt haben. Daher kann nach einem Turnier keiner, der nicht in meiner Spielergruppe war, mit Gewissheit sagen, ob ein Ergebnis richtig oder falsch ist. Im äußersten Fall steht Aussage gegen Aussage. Das nutze ich aus. Ich muss mich daher nur um meine eigenen Mitspieler kümmern.

Als Mitspieler am liebsten sind mir Anfänger, die gerade ihre ersten Turniere spielen. Die sind meistens viel mit sich selbst beschäftigt, so dass sie nicht auf mich achten. Und ich kann ihnen jeglichen Blödsinn über Golf- und Platzregeln erzählen. Zählt mich ein Anfänger, ist mir eine Platzierung vorne im Turnier so gut wie sicher. Bei den ersten Löchern kommen wir mit unterschiedlichen Ergebnissen für mich vom Grün. Ich stelle mein Ergebnis selbstbewusst dar: „Der lange Abschlag an den Fairway-Rand, 2. Schlag auf dem Vorgrün, die gute Annäherung mit dem Putter und drin." Er kann das nicht, denn durch seine acht Schläge an diesem PAR 4 hat er gar nicht auf mich achten können. Mitleidsvoll erkenne ich an, dass er noch überfordert scheint, sein eigenes Spiel zu machen und gleichzeitig mich zu zählen. „Lass das lieber mich machen, und Du brauchst dann nur noch aufzuschreiben.", schlage ich zur Entlastung für ihn vor. Und schon hagelt es niedrige Scores für mich.

Manch unbedarfter Schummler sucht sich Senioren als Mitspieler aus. In der Vermutung, dass diese nur wenig mitbekommen, lässt er es dann richtig krachen. Ich nicht, denn viele von denen haben Golfrunden aus mehreren Jahrzehnten auf dem Buckel und zählen für die gesamte Spielergruppe treffsicher die Ergebnisse mit. Oft haben sie schon alle möglichen Schummeleien in ihrem Golferleben gesehen und wissen, worauf zu achten ist.

Egal, mit wem ich spiele, ich lenke meine Mitspieler ab, damit sie sich möglichst wenig auf meine Schläge konzentrieren. Ich rede mit ihnen, ich bin nett zu ihnen und ich lasse mir von ihnen ausführlich etwas berichten. Das schafft Vertrauen und richtet ihre Aufmerksamkeit auf andere Dinge.

Jeder zählt sich selbst

Zur Entlastung der ohnehin im Turnier gestressten Mitspieler schlage ich auf der ersten Bahn vor, dass jeder sich selbst zählt und der Zähler nur aufzuschreiben braucht. So würden es die Golfregeln vorsehen. Unter der Erklärung für „Zähler" heißt es: „Zähler ist jemand, den die Spielleitung zum Aufschreiben der Schlagzahl eines Bewerbers im Zählspiel bestimmt hat." Das zeige ich den Mitspielern in meinem Buch der „Offiziellen Golfregeln". Wenn es richtig gut läuft, macht mein Zähler mir diesen Vorschlag von sich aus. Das nehme ich natürlich dankend an.

Wenn mein Zähler darauf besteht, dass er meine Schläge zählt, korrigiere ich ihn nicht, wenn er sich zu meinen Gunsten verzählt. Sein Ansinnen, meine Schlagzahl nach jedem Loch abzugleichen, schlage ich ihm freundlich ab mit dem Hinweis, dass ich ihm vertraue, dass er das gut alleine hinbekommt, und dass wir den Abgleich nach der Halbrunde machen. Wir schreiben also getrennt voneinander meine Ergebnisse auf. Beim Abgleich habe ich einige niedrigere Schlagzahlen als er, was sich für ihn nur schwierig nachvollziehen lässt. Ich bestehe auf Korrektheit meiner Zahlen und zeige glaubhaft den Verlauf meiner Schläge an jeder Bahn auf. All das mache ich gerne mit ihm allein, ohne dass die anderen Mitspieler in der Gruppe das hören.

Lässt sich mein Zähler jedoch auf den Vorschlag ein, dass er nur aufzuschreiben braucht, sage ich ihm meine guten Ergebnisse selbstbewusst und laut an, so dass alle Mitspieler meine Ehrlichkeit nachvollziehen können. Nur bei den weniger guten Bahnen sage ich ihm eine niedrigere Schlagzahl an, als ich gespielt habe.

Das mache ich lieber leise, damit sich kein Mitspieler unnötig einmischt. Den üblichen Abgleich der Ergebnisse nach der Runde mache ich dann nur noch, um sicherzugehen, dass der Zähler meine falsch angesagten Werte korrekt übernommen hat.

Mit Komplizen geht es deutlich einfacher

Am bequemsten klappt das Verbessern der Ergebnisse, wenn mein Zähler mein Verbündeter ist. Vielleicht ist er ein Freund, der mir einen Gefallen schuldet. Er zählt mich dann niedriger, als ich gespielt habe. Ich kann mich darauf verlassen, dass er, auch wenn ich an jeder Bahn ganz ehrlich das von mir gespielte Ergebnis ansage, dennoch ein besseres einträgt. Mein spezieller Golfbuddy hat mir über manche EDS-Runde (Extra Day Score) auf diese Weise geholfen, mein Handicap auf den passenden Wert zu bringen. Im Turnier übertreiben wir es allerdings nicht so weit, dass ich in den Preisen lande, obwohl ich viele Bahnen auffällig schlecht gespielt habe.

Aber auch, wenn er vorher noch nicht mein Freund war, kann ich einen Pakt mit meinem Zähler eingehen. Ich mache ihm einige Gefallen vorab, die ihm das Ergebnis verbessern. Ich könnte ihm raten, einfach einen neuen Ball an günstiger Stelle einzubringen, wenn sein Ball unauffindbar scheint. Oder ich mache nicht in der Spielergruppe publik, dass ich ihn gerade bei einer regelwidrigen Handlung erwischt habe, und erlasse ihm dadurch Strafschläge und schlechtes Ansehen in der Gruppe. Hier gilt: Wie ich Dir, so Du mir. Also dann mal her mit den Gegengefallen! Wir sind beide Mitwisser und müssten beide disqualifiziert werden, wenn er von sich aus etwas melden will.

Neben Freund und Pakt bleibt mir als weiteres Mittel noch der offene Druck: „Ich bin ein angesehenes Mitglied, ich kenne die Regeln, und wenn ich ein Ergebnis an einer Bahn nenne, dann ist das korrekt. Also schreib' das jetzt auf, oder ich werde alles in Bewegung setzen, damit Störenfriede wie Du in diesem Club nichts mehr zu melden haben!"

Verlässliche Komplizen sind Caddies. Dass die schneller als ich nach vorne zu meinem Ball laufen, ist sogar bei Profis üblich. Während ich mich also noch mit den Mitspielern unterhalte und langsam das Fairway herunter schlendere, ist mein Caddie schon längst an der Stelle meines Ball und macht dort all das, was ich sonst selbst erledigen müsste: Ball besser legen, Ball auf ein Tee setzen, einen neuen Ball einbringen und so weiter.

Verbündete im Umfeld eines Turniers zu haben, macht die Sache ebenfalls leichter. Zu meinen besonderen Freunden zählt das nette Personal im Sekretariat, das die Ergebnisse von den Score-Karten in das PC-System überträgt. Habe ich unter ihnen eine Verbündete, die ich im Vorfeld entsprechend instruieren konnte, ist es egal, was ich draußen gespielt habe. Sie wird dafür sorgen, dass ich laut PC-System eine grandiose Runde hingelegt habe. Wenn ich so einen Freund nicht habe, mache ich mich im Sekretariat nützlich, indem ich bei anderen Turnieren helfe, die Scores in den PC zu übertragen. Genau das mache ich aus Gewohnheit dann auch bei Turnieren, bei denen ich selbst mitgespielt habe. Ich muss nur aufpassen, dass ich meine eigene Score-Karte erwische und sie nach meinem Interesse übertrage.

Wenn mich ein Mitspieler auf der Runde des Schummelns bezichtigt, geht das vor die Spielleitung, sofern wir uns auf dem Platz nicht einigen. Gut, dass dort Freunde von mir sitzen, die Schaden von mir abwenden wollen. Der (berechtigte) Protest wird dann mit Verweis auf die gute Stimmung nicht weiter verfolgt. Oder weil es nicht eindeutig ist, dass es wirklich zum Verstoß gekommen ist. Immerhin gilt ein Angeklagter als unschuldig, so lange nicht zweifelsfrei erwiesen ist, dass er sich tatsächlich etwas zuschulden kommen lassen hat.

Mein wertvollstes Holz: der Bleistift

Letztendlich ist es egal, was ich draußen auf dem Platz gespielt habe. Entscheidend ist, was auf der Score-Karte steht. Daher werde ich, wenn es auf dem Platz trotz all der zuvor beschriebenen Maßnahmen noch nicht für ein zufriedenstellendes Ergebnis gereicht hat, nach der Runde mit meinem Bleistift aktiv. Meine amerikanischen Pendants nennen das *pencil hockey*. Vergesst Radiergummis! Die hinterlassen Spuren, und die klassische Methode, auf der Score-Karte legal etwas auszubessern, ist zu streichen und neu daneben zu schreiben.

Mein *pencil hockey* ist so ausgerichtet, dass meine Mitspieler meine Score-Karte nicht mehr zu sehen bekommen, nachdem ich dort drin herumgefuhrwerkt habe. Da jeder Mensch seine Handschrift gut kennt, würde er sofort merken, wenn mit anderer Schrift etwas ausgebessert wurde. Oder wenn was gestrichen wurde, was er nicht gestrichen hat. Daher widerstehe ich der Verlockung, im passenden Moment auf der Runde meine

Score-Karte, die offen auf dem Trolley meines Zählers liegt, zu ändern. Das spare ich mir lieber für die Zeit nach der Runde auf.

Gut gelegen kommt mir, dass viele Golfclubs empfehlen, jeder Spieler solle seine Karte persönlich bei der Spielleitung abgeben. Die Score-Karte gilt als abgegeben, wenn ein Spieler den Raum der Spielleitung verlassen hat. Betritt er diesen erst gar nicht, ist es schwierig, ihn wieder zu verlassen. Also sage ich meinen Mitspielern nach der Runde, wenn wir unsere Ergebnisse abgeglichen und die Score-Karten unterschrieben haben, dass ich meine Karte persönlich abgebe. Ich verweise auf die gerade genannte Empfehlung, oder möchte ganz einfach noch einen anderen Sachverhalt mit der Spielleitung klären. Gerne nehme ich deren Karten mit. Die Natur ruft lauter, als ich erwartet habe, und auf dem Weg zur Abgabe muss ich noch einmal abbiegen – direkt auf die Toilette. Mit dem Bleistift griffbereit in der Hose, setze ich mich auf die Schüssel und bessere einzelne Ergebnisse aus.

Ein geschickter Dieb klaut nicht das gesamte Bargeld aus dem Portemonnaie, sondern nur einen Teil. So merkt es der Beklaute nicht gleich, und der Dieb ist längst verschwunden, wenn es auffliegt. Genau so verfahre ich bei meiner Score-Karte: Ich bessere nur einige Löcher aus. Mehr als sechs zusätzliche Nettopunkte gönne ich mir nicht. Aus Doppel-Bogeys werden Bogeys und aus Bogeys werden Pars. Birdies fallen zu sehr auf, Asse sowieso. Wenn ich eine Bahn grandios vergeigt und daher gestrichen habe, bleibt der Strich besser stehen, da sich manch ein Mitspieler noch lebhaft an diesen erinnert.

Sollte einer meiner Mitspieler darauf bestehen, mit mir zur Spielleitung zu gehen, und ich habe keine Möglichkeit, ohne ihn noch einmal abzubiegen, dann ging das *pencil hockey* dieses Mal eben nicht. Geduldig zu sein und die passende Gelegenheit abzuwarten, gehört zu meinen Stärken. Ich brauche schließlich nicht jedes Turnier zu gewinnen.

Ein anderer Weg von mir ist, den Freund der Spielleitung zu mimen. Ich bin dann Anwalt der armen Leute, die die Score-Karten in das PC-System übertragen. Diese Sauklauen kann ja keiner lesen. Also sammle ich die Score-Karten meiner Mitspieler ein, gehe mit ihnen ihre Ergebnisse durch und schreibe diese neu hin, wenn sie mir unleserlich vorkommen. Mit meiner eigenen Karte mache ich das ebenso, nur dass hier meine neuen Ergebnisse oft niedriger sind als die unleserlichen.

All diese Tricks sind schwierig, wenn ein ganz fleißiger Mitspieler für mich die Nettopunkte während der Runde ausrechnet. Diese eine Zahl wird er sich merken können. Wenn später auf der Ergebnisliste bei mir eine andere Nettopunktzahl steht, wird er zu Recht misstrauisch. In solchen Turnieren gibt es für mich nichts zu gewinnen. Was für ein verschwendeter Tag!

In Zeiten von Apps, die jederzeit mitrechnen, kommt das dummerweise immer häufiger vor. Glücklicherweise finden sich auf dem Smartphone oft Apps, die vieles können, was die Golfregeln verbieten. Ich könnte gesehen haben, dass diese Apps auf der Runde aufgerufen wurden. Und schon haben wir eine Komplizen-Situation: Ich disqualifiziere Dich wegen Deiner Apps nicht, und Du schaust bei mir nicht ganz so genau hin.

3.4 MEIN GEGNER WIRD GESCHWÄCHT (LOCHSPIEL)

Mehr Schläge für meinen Gegner

Im Zählspiel habe ich durchaus Interesse daran, dass meine Mitspieler gut spielen. Sie sind dann eher in der Stimmung, über etwaige Unregelmäßigkeiten von mir hinwegzusehen. Dagegen lege ich im Lochspiel alles daran, dass mein Gegner schlecht spielt. Denn im Lochspiel gewinne ich nicht, weil ich weniger Schläge als mein Gegner mache, sondern weil er mehr Schläge braucht als ich. Und dank meiner Fürsorge noch mehr Schläge als auf seinen sonstigen Runden.

Für meinen Gegner soll das Gegenteil von dem gelten, was mir vorbehalten ist: Sein Ball liegt selten gut und verschwindet hin und wieder. Gleichzeitig sorge ich dafür, dass mein Ball nicht verloren geht und ich ihn immer gut schlagen kann. Hierfür verlasse ich mich auf mein Arsenal an Kniffen, die ich schon beschrieben habe. Erleichternd kommt für mich hinzu, dass ich im Lochspiel meistens nur mit meinem Gegner unterwegs und daher deutlich unbeobachteter bin, wenn ich an meinem Ball oder Ballmarker herumhantiere.

Wie verschwindet der Ball meines Gegners? Er schlägt, und ich bin fest der Meinung, dass sein Ball links in den Wald geflogen ist – obwohl er rechts im ersten Schnitt liegt. Das geht besonders leicht, wenn ihn die tief stehende Sonne blendet. Wenn sein Ball im Rough liegt, schlage ich die Suche an einer Stelle vor, die erheblich von der eigentlichen Lage seines Balls abweicht. Wenn ich den Ball des Gegners beim Suchen finde, lasse ich ihn heimlich verschwinden, am besten in einem Erdloch. Den Ball an mich zu nehmen, ist keine gute Idee, denn der eh schon misstrauische Gegner könnte mich zum Entleeren meiner Golf- und Hosentaschen auffordern.

Der Ball meines Gegners liegt oft schlecht. Wenn ich ihn beim Suchen gefunden habe, packe ich ihn an meinen guten Tagen nicht ein, sondern lege ihn heimlich an einer wirklich fiesen Stelle ab. Mein Gegner kommt dann nicht umhin, den Ball für unspielbar zu erklären. Immerhin ist der Ball für ihn dann nicht verloren. Sonst begnüge ich mich damit, seinen Ball mit dem Absatz tief in den Boden zu drücken oder mit Blättern und ähnlichem zu bedecken. Wenn er es nicht bemerkt, kicke ich seinen Ball in eine schlechtere Position, also vom Fairway an dessen Rand in das höhere Gras oder von dort in das Rough.

Lächelnd ablenken

Der gute Ben Hogan ist sicherlich nicht mein Vorbild, wenn es um Trainingseifer geht. Aber von ihm soll auch die Aussage stammen, dass ich in den Kopf meines Gegners kommen muss, um ihn zu besiegen. Genau das beherzige ich im Lochspiel. Mein Gegner soll sich während der Runde viel mit mir beschäftigen. Er darf nicht in diesen Zustand kommen, in dem er nicht mehr über seine Schläge nachdenkt, sondern nur locker seinen Schläger schwingt und den Ball traumhaft trifft. Nein, er soll ständig in Gedanken sein, die ihn von dieser inneren Ruhe abhalten.

Dabei verstoße ich nicht bösartig gegen die Etikette, sondern bin einfach nur ein bisschen schusselig. Meine generelle Höflichkeit darf nicht in Frage gestellt werden. Unterläuft mir etwas, was meinen Gegner ablenkt, wirke ich erschrocken über mich selbst und bitte sofort um Entschuldigung. So ein Husten ist leicht passiert. Mir ist gar nicht aufgefallen, dass er schon im Schlag begriffen war, als ich ihn angesprochen habe. Dass das gerade auf dem Abschlag einer PAR-3-Bahn geschieht, bei der sein Ball jetzt nicht neben meinem auf dem Grün, sondern im Rough daneben liegt, ist wirklich ein Unglück! Oft passiert es mir am höchsten Punkt seines Rückschwungs, dass ich meine Schläger klappernd sortiere, dass ich die Reißverschlüsse meiner Golftasche öffne oder dass ich den Klettverschluss meines Handschuhs löse.

Weil ich stark schwitze, wische ich mir oft den Schweiß vom Gesicht. Bei Regen trockne ich mich ausgiebig ab. Das auffällig bunte Tuch, das ich dafür verwende, schüttele ich danach aus, damit es schnell trocknet. Dass das alles im Blickfeld des Spielers passiert, konnte ich ja nicht ahnen.

Richtig wirksam ist eine Ablenkung, über die sich mein Gegner gleich mehrere Bahnen lang ärgert. Ich sage einfach meine Schlagzahl falsch an, so dass wir beide mitten auf dem Fairway meine Schläge rekonstruieren müssen. Oder ich frage ihn nach seiner Schlagzahl, die mir zu niedrig scheint. Schon startet eine schöne Diskussion. Klar, dass ich am Ende zugebe, dass ich mich geirrt habe und dass mir das sehr unangenehm ist. Mein Gegner wird ab jetzt noch aufmerksamer unsere Schläge nachvollziehen und sich darüber ärgern, dass ich so unnütz für Aufregung gesorgt habe. Und schon ist er ordentlich abgelenkt. Leider passiert mir das alles nach einigen Bahnen erneut, wenn er sich innerlich schon etwas beruhigt hat.

Viel besser passt es zu mir, freundlich und ehrfurchtsvoll mit meinem Gegner umzugehen. Daher sage ich gerne etwas Positives über sein Spiel. Was er doch für einen wunderbaren Schwung hat. Ob er mir denn sagen könne, was das entscheidende Element dabei ist? Jetzt hat er was zum Nachdenken. Wenn er mir als geschmeichelter Mensch ehrlich antworten will, versucht er, es bei den nächsten Schwüngen herauszubekommen – oft mit fatalem Ergebnis. Wenn das ausbleibt, frage ich ihn, ob es nicht seine schnelle Gewichtsverlagerung im Aufschwung, die starke Anspannung in seinen Unterarmen oder das ausbleibende Abwinkeln seiner Handgelenke sein könnten. Spätestens jetzt wird er sich auf diese Punkte konzentrieren – und der bislang sichere Schlag ist dahin.

Vor dem Schlag über das große Wasserhindernis oder in Richtung des Grabens weit vorne gebe ich meinem Gegner noch eine zusätzliche Portion Vertrauen mit: „Das wirst Du auf jeden Fall schaffen. Wenn ich Deine Länge hätte, würde ich es auch versuchen." Natürlich bleibt er zu kurz. Dass dieser Schlag von vornherein höchstriskant war, hatte ich ganz vergessen zu erwähnen. An anderer Stelle versuche ich ihn positiv zu stimmen: „Ich hoffe so sehr, dass Dein Slice von Bahn 4 jetzt nicht wieder kommt" oder auch „Dieses Loch hast Du noch nie gut gespielt. Hoffentlich klappt es heute endlich einmal". Ich kann mir sicher sein, dass meine Hoffnungen umsonst waren.

Auf der ganzen Runde zermürbe ich meinen Gegner durch permanentes Reden. Dabei lasse ich die üblichen Small-Talk-Themen aus und gehe direkt zu Heiklem wie Sex, Politik und Religion. Hin und wieder frage ich ihn nach seiner Meinung. Und ich bringe ihn zum Nachdenken über das, was ich gerade erzählt habe: von erfundenen Affären gemeinsamer Bekannter, von angeblichen Privatinsolvenzen einiger Mitglieder oder von akuten Bedrohungen an den Finanzmärkten, auf die mein Gegner hoffentlich schon reagiert hat, um sein Vermögen zu schützen.

Gerne wiege ich meinen Gegner in Sicherheit. Ich täusche eine Verletzung vor, die mich bei jedem Schlag oder beim Gehen aufstöhnen lässt. Oft bekommt er Mitleid und ist dann nicht mehr voll bei der Sache. Warum auch, denn wer kann schon gegen einen verletzten Gegner verlieren? Er kann, und er wird es tun.

Aus meinem Flachmann nehme ich vor jedem Abschlag einen Schluck. Nach einigen Bahnen wirke ich leicht beschwipst. Dass ich nur so tue, da ich in Wirklichkeit warmen Tee trinke, ahnt mein Gegner nicht. Er schaltet gedanklich einen Gang zurück, denn er glaubt, dass ich bald eh keinen Ball mehr treffen werde. Und schon ziehe ich an ihm vorbei. Echten Schnaps habe ich nur dann dabei, wenn mein Gegner dafür bekannt ist, dass er mit Alkohol nicht umgehen kann. Großzügig biete ich ihm immer wieder meinen Flachmann mit Hochprozentigem an. Ich brauche dann nur noch abzuwarten.

Manchmal hilft mir ein Freund beim Ablenken. Er kommt im passenden Moment zum Abschlag oder zum Grün und ruft gerade dann laut, wenn mein Gegner schlagen will. Liegt der Platz an einer Straße, fährt er hupend vorbei. Er steht auf der Driving Range oder der Clubhaus-Terrasse und johlt uns zu, wenn wir vorbeikommen.

3.5 PLANUNGEN FÜR DEN NOTFALL

Unschuldig tun

Obwohl ich umsichtig agiere, kann es selbst mir passieren, dass ich beim Schummeln erwischt werde. Es muss schon ein wirklich ausgebuffter Mitspieler sein, dem das gelingt. Und ein prinzipientreuer, wenn er sich von meinen Beteuerungen und meinem Leugnen nicht überzeugen lässt. Für so einen Fall stehen mir verschiedene Auswege bereit.

Ich schmettere jeden Einwand freundlich, aber bestimmt ab. Etwas von oben herab erkläre ich dem offensichtlichen Regelneuling, dass er mit seiner Vermutung, ich würde etwas Regelwidriges tun, falsch liegt. Die von ihm genannte Regel, die ich verletzt haben solle, wäre in dieser Situation nicht anwendbar. Stattdessen gelten andere – die ich mir vielleicht zum Teil gerade ausgedacht habe. Mit einer selbstbewusst vorgetragenen Behauptung komme ich auch auf dem Golfplatz häufig durch.

Ich reagiere betroffen und beteuere, dass die angeblich gebrochene Golfregel anders auszulegen sei. Ich bin mir keiner Schuld bewusst, lasse mich aber eines Besseren belehren. Ich stelle diese Golfregel als unsinnig dar oder als solche, um die sich kaum einer in diesem Club schert. Auch in Fachkreisen, in denen ich mich bewege, würde berichtet, dass sich fast alle Spieler wie ich in dieser Situation verhalten.

Ich erkläre, dass ich aus Versehen gehandelt habe und natürlich einsehe, dass das nicht korrekt ist. Zum Beispiel haben wir im

Winter unsere Bälle auf dem Fairway auf Tees gesetzt, um den Boden zu schonen, und ich muss mich jetzt irgendwie im Winter gewähnt haben – trotz der 30° Celsius. Oder es war einfach ein unbewusster Reflex. Auf privaten Runden mit meinen Freunden haben wir uns auf ganz eigene Regelergänzungen geeinigt, um mehr Spaß am Spiel zu haben. Ohne nachzudenken, habe ich diese jetzt angewendet. Oh, wie dumm von mir.

Ich lege dar, dass ich gemäß Golfregeln fair handeln soll, wenn ein Sachverhalt nicht durch eine Regel erfasst ist. Ich kenne aber keine Regel, die mir meine konkrete Situation fair macht. Daher habe ich mir diese Handlung gerade erlaubt. Natürlich habe ich versäumt, das meinen Mitspielern vorher zu erklären, und das tut mir unendlich leid. Es soll nicht wieder vorkommen.

Ich habe auch einige Ausreden parat: Wenn ich einen Ball neu eingebracht habe und dummerweise mein ursprünglicher Ball doch gefunden wird, erkenne ich ihn wieder als den, den ich gestern auf der Runde an dieser Stelle verloren habe. Oder es ist gar nicht mein Ball, sondern ein x-beliebiger Fundball.

Pragmatische Lösungen

Zur Behebung der Situation rege ich an, den Vorfall auf sich beruhen und mich gemäß Weisung der Mitspieler weiterspielen zu lassen. Oder ich habe selbst eine Idee, wie wir verfahren sollten: „Ich schlage einfach noch mal von hier, und der vorhergehende Schlag zählt nicht" oder „Ich lasse jetzt unter Eurer Aufsicht einen Ball hier fallen und spiele dann weiter" sind dann gerne von mir gemachte Vorschläge.

An meine Mitspieler appelliere ich, dass dieser Vorfall *entre nous* bleibt. Eine Meldung an die Spielleitung wäre nicht erforderlich, da wir alles unter uns zur allgemeinen Zufriedenheit geklärt haben. Warum sollen wir für Ärger sorgen und die schöne Siegerehrung stören? Lasst uns jetzt nach vorne schauen und uns auf die noch kommenden Bahnen konzentrieren. Ich bin Euch so dankbar, dass ich von Euch wieder etwas Neues über Golfregeln, die ich schon zu kennen glaubte, gelernt habe.

Beschwichtigungen

Wenn sich dennoch ein hochnäsiger Mitspieler erdreistet, den Vorfall aufzubauschen, bin ich richtig gut im Deeskalieren. Ja, ich habe vollstes Verständnis für seine Aufgebrachtheit und wäre es natürlich auch, wenn ich in seiner Rolle wäre. Wenn es sein muss, höre ich mir seine Schimpfereien geduldig an. Irgendwann wird auch er müde. Dann beteuere ich, dass ich lediglich aus Unwissenheit und ohne bösen Vorsatz gehandelt habe. Ich setze auf Verbündete in der Spielergruppe: „Günni, sag' Du mal was. Du kennst mich doch. Würde ich absichtlich schummeln?"

Ich verweise auf mein Ansehen im Leben außerhalb des Golfplatzes. Bei meinem Status ist Schummeln völlig ausgeschlossen. Ich habe es doch gar nicht nötig, weil ich eh so erfolgreich bin.

Unauffällig und schweigsam

Die Spielleitung erfährt von dem Vorfall, wenn sich meine Mitspieler von meinen Ausreden und Beteuerungen nicht haben überzeugen lassen. Das sollte nur selten passieren. Möglich ist aber, dass mich irgendein gelangweilt wartender Spieler auf einer benachbarten Bahn, den ich gar nicht bemerkt hatte, beim Schummeln beobachtet hat, und sich nun wagt, mich bei der Spielleitung zu verpfeifen. Da ich mich unauffällig kleide und keine markante Golftasche habe, mache ich es ihm dabei etwas schwieriger: „Der mit der knallgelben Hose und der leuchtend roten Golftasche war es!", trifft nicht auf mich zu, so dass es mehr Mühen braucht, mich zu identifizieren. Ohne Mütze auf dem Kopf und in meinem sportlich-eleganten Outfit im Clubhaus erkennen mich selbst meine eigenen Mitspieler oft nicht wieder, weil ich so anders als auf der Runde aussehe.

Wenn es zur Meldung an die Spielleitung kommt, nehme ich mir die echten Verbrecher zum Vorbild. Denen raten versierte Strafverteidiger, wenn diese knietief im Dreck stecken und schuldig über alle Maßen sind: Schweigen! Nichts sagen! Mund halten! Nur nicht sich selbst belasten! Kommt es also zum Vorwurf, weise ich auf die Unschuldsvermutung hin. Ich selbst habe mir nichts vorzuwerfen. Man möge Sportsgeist zeigen und mich nicht vorverurteilen. Wer will den ersten Stein werfen?

Wenn ich jedoch ahne, dass es hässlich werden wird, weil sich niemand für mich einsetzt oder weil ich zum wiederholten Male verdächtigt worden bin, suche ich lieber das Weite und bleibe der Siegerehrung fern. In diesem Club lasse ich mich einige Wochen nicht mehr blicken, bis Gras über die Sache gewachsen ist. Für meine Schummeleien bieten sich daher besser fremde Plätze an, da es mir viel leichter fällt, diese für längere Zeit nicht mehr zu besuchen.

4. AUF GEHT'S, JETZT WIRD UMGESETZT

Also, liebe Leser, jetzt aber raus auf den Platz, um es mir nachzumachen! Das Handwerkszeug dazu habe ich Euch gerade vermittelt. Übt ein wenig und erfüllt Euch schon kurze Zeit später Euren Traum im Golf: Erreicht ein beneidenswertes Handicap! Sahnt tolle Preise im Turnier ab! Zieht Euren Gegnern viel Geld aus der Tasche!

Folgendes müsst Ihr einpacken, damit Ihr erfolgreich seid:

- Buch der „Offiziellen Golfregeln"
- Mindestens sechs identische, weiße Golfbälle einer gängigen Marke (Identisch heißt: gleiche Marke, gleiches Modell, gleiche Nummer, gleiche und einfache Markierung)
- Einige Golfbälle anderer Marken
- Weiße Tees für den Abschlag
- Unauffällige, holzfarbene Tees für das Gelände
- Mehrere abgenutzte Kupfermünzen (nicht magnetisch)
- Zwei unauffällige, magnetische Ballmarker (zum Aufnehmen mit dem Putter)
- Großer Regenschirm
- Verwittertes, blaues Band
- Rest eines verwitterten, blauen Pfahls
- Getrocknete Karnickelködel
- Quietschbuntes Tuch, um Schweiß abzuwischen und den blauen Pfahl darin einzuwickeln
- Flachmann mit warmem Tee oder echtem Alkohol (je nach Gegner)
- Unauffällige Golftasche

Bei Eurem Äußeren achtet auf folgendes:

- Golfkleidung in unauffälligen Farben und Schnitten
- Bei langen Hosen: weites Bein und breiter Gürtel, wenn Ihr einen Golfball bequem nach unten gleiten lassen wollt
- Mütze zum großflächigen Bedecken meines Kopfes
- Sportlich-elegantes Outfit für Euren souveränen Auftritt im Clubhaus
- Gelassenheit und ein freundliches Lächeln

Blättert noch einmal um und lest das letzte Geheimnis!

Seid keine Schummler!

Aufwachen, Leute! Schaltet Euren Verstand ein und hört auf Euer Gewissen! Schummeln ist doof. Ihr glaubt doch nicht wirklich, dass ich Euch mit diesem Buch zu Betrügern machen möchte.

Wer schummelt, spielt kein Golf. Wir alle haben gelernt und hoffentlich verinnerlicht, dass Golf ausnahmslos nach den Regeln gespielt wird. Für Schummeln ist kein Platz. Betrug beim Golf ist Betrug, da gibt es keine Abstufungen. Alle Golfregeln sind gleich wichtig. Sie gelten immer und ohne Ausnahme. Wer gegen eine Regel verstößt, hat betrogen, und sein Verhalten gehört geahndet. Wer bewusst und schwerwiegend gegen die Etikette verstößt, muss sich strikte Strafen gefallen lassen.

Fairness und Ehrlichkeit

Damit Golf funktioniert, sind Fairness und Ehrlichkeit von besonderer Bedeutung. Eben weil wir draußen ganz alleine sind und so viele Möglichkeiten zum Schummeln haben, ist es Ehrensache eines jeden Spielers, sich ausnahmslos dem *Spirit of the Game* zu unterwerfen. Wer einmal schummelt und damit durchkommt, macht es wieder. Wer einen anderen Spieler beim Schummeln beobachtet und erlebt, dass das ungeahndet bleibt und jener tolle Preise abräumt, sagt sich, wenn er charakterlich nicht gefestigt ist: „Hey, cool, das mache ich jetzt auch." Und wenn viele so verfahren, ist Golf nicht mehr das, was es sein soll. Was Doping in anderen Sportarten anrichtet, macht Schummeln im Golf. Turnierergebnisse sind nicht vergleichbar, und Siegerehrungen fehlt jegliche Grundlage zur fairen Vergabe der Preise.

Am Ende schadet Ihr Euch selbst. Euer beeindruckendes Handicap lässt Euch nur auf dem Papier gut aussehen. Wenn Ihr dann auf dem Platz nichts hinbekommt, fragt sich jeder, wie das mal zustande gekommen ist. Wenn Ihr den tollen Sachpreis haben wollt, den es im Turnier zu gewinnen gibt, dann kauft ihn Euch! Braucht Ihr wirklich das zweite Tragebag für den Winter oder zwölf weitere Golfbälle einer Marke, die Ihr eh nicht spielt? Alle ehrlichen Teilnehmer eines Turniers, die Ihr sonst als Eure Freunde bezeichnet und die Euch vertrauen, werden durch Euch benachteiligt, wenn Ihr schummelt. Wenn es um Geld beim Zocken geht, begeht Ihr so etwas wie Diebstahl, wenn Ihr Euch auf unehrliche Weise an Euren Mitspielern bereichert.

Seid Euch bewusst, dass der, der schummelt, auch erwischt werden kann. Und das geht nicht immer glimpflich aus. Werdet Ihr überführt, gibt es Disqualifikationen, Turnierverbote, temporäre Platzsperren oder sogar Ausschlüsse aus Clubs. Euer Name macht im Club die Runde, und Eure Mitspieler, die Euch für ehrlich gehalten haben, wenden sich ab. Das braucht sich dann nicht nur auf den Golfplatz zu beschränken. Denn naheliegend ist es zu vermuten, dass die, die auf dem Golfplatz betrügen, auch im richtigen Leben nicht ehrlich sind.

Andere Schwerpunkte setzen

Niemand wird Euch als Mitspieler höher schätzen, wenn Ihr mit guten Handicaps daherkommt oder einige Turniere gewonnen habt. Stattdessen sehen es Golfer gerne, wenn Ihr angenehme Mitspieler seid. Lenkt daher Eure Aufmerksamkeit auf andere Dinge! Statt Euch über ein schlechtes Ergebnis zu ärgern, erfreut

Euch am Spielerlebnis draußen in der Natur auf einem wunderschönen Platz mit sympathischen Menschen. Überzeugt durch tadelloses Benehmen, denn damit beeindruckt Ihr Eure Mitspieler deutlich mehr als mit angeblich guten Ergebnissen. Richtet Euer Verhalten darauf aus, dass andere Golfer gerne wieder mit Euch spielen möchten.

Schummler überführen

Mit diesem Buch soll niemand zum Betrüger gemacht werden. Stattdessen wurde es geschrieben, damit Ihr als ehrliche Spieler erkennt, wohin Ihr schauen müsst, um Schummlern das Leben schwer zu machen. So wie ich es tue.

Als charakterlich und in Sachen Golfregeln gefestigter Mensch lege ich Schummlern das Handwerk. Nicht nur, wenn ich im Wettspiel als Zähler eines vermeintlichen Schummlers eingesetzt bin, sondern wann immer mir etwas in unserer Spielergruppe auffällt. Gerade zu Beginn zähle ich die Schläge all der Spieler mit, deren Zähler mir nicht ganz sattelfest scheinen. Wenn ein Spieler dann eine Schlagzahl für die eben gespielte Bahn angibt, die von meiner Zählung abweicht, kläre ich das umgehend mit Zähler und Spieler. Ich werde misstrauisch, wenn ein Spieler seinen Ball immer findet, egal wie tief er irgendwo hinein geflogen ist. Oder wenn sein Ball auch aus solchen Positionen gut fliegt, bei denen andere froh wären, ihn von dort überhaupt wieder auf das Fairway zu bekommen.

Den Schummler spreche ich charmant an. Ich lasse ihn unverblümt wissen, dass ich sein Schummeln durchaus bemerkt habe.

Ich biete ihm an, dass wir das nicht an die große Glocke hängen, sofern er sein Vergehen jetzt regelkonform behebt und sich danach tadellos benimmt. Bei schwerwiegenden Taten, über die ich nicht hinwegsehen möchte, oder im Wiederholungsfall lege ich ihm sehr deutlich nahe, sich für das laufende Turnier von sich aus zu disqualifizieren. Er erhält die Chance, die Angelegenheit selbst zu regeln und sein Verhalten zu korrigieren – für die aktuelle Runde und für alle zukünftigen. Es ist nicht in meinem Interesse, den Schummler bloßzustellen und seinen Ruf unnötig zu schädigen. Da ich ihm zugestehe, dass er erstmalig auf die schiefe Bahn geraten ist, wird ihm dieses peinliche Ereignis hoffentlich Lehre genug sein, es nicht noch einmal zu versuchen. Eine im Stillen erreichte Abkehr vom Schummeln ist mir sehr viel lieber als ein öffentlicher Skandal.

Wenn einer meiner Mitspieler nicht gut gespielt hat, aber dennoch einen Preis bekommt, gehe ich dem gerne nach. Die Score-Karten liegen zur Siegerehrung in der Regel noch im Original vor. In so einem Fall ist die große Runde über die Spielleitung meistens nicht zu umgehen.

Daher nun der erneute Antritt: Also, liebe Leser, jetzt aber raus auf den Platz, um es mir nachzumachen! Das Handwerkszeug dazu habe ich Euch gerade vermittelt. Deckt auf, wenn jemand nicht fair spielt und die Regeln nach seinem Gutdünken auslegt! Scheut Euch nicht, derlei Treiben anzusprechen, und beweist, dass Ihr von Werten geprägt seid, die für Golf in der von uns allen gewünschten Form stehen! Nur Mut!

Verzeichnis der referenzierten Quellen

„Offizielle Golfregeln – Gültig ab Januar 2016: Mit Amateurstatut", herausgegeben vom Deutschen Golf Verband e.V., Verlag Köllen

„Der Golf-Gentleman – Brevier des modernen Manns für das Verhalten auf dem Golfplatz" von Arfst-Johann Sievers, Verlag BoD – Books on Demand

Wenn Sie nicht wie hier nur lesen wollen, wie man sich auf dem Golfplatz nicht verhalten sollte, sondern wie man es vorbildlich macht, werfen Sie einen Blick in

Der Golf-Gentleman –

**Brevier des modernen Manns
für das Verhalten auf dem Golfplatz,**

erschienen in 5. Auflage im Verlag BoD – Books on Demand (ISBN: 978-3842358188).

Das Erstlingswerk zur Golfetikette von Arfst-Johann Sievers stellt einen Typus Golfer vor, der nur höchst selten unzufrieden vom Platz geht. Statt sich über ein schlechtes Ergebnis zu ärgern, erfreut er sich am Spielerlebnis. Sein Verhalten richtet er so aus, dass seine Mitspieler eine angenehme Golfrunde mit ihm erleben. Mit tadellosem Benehmen beeindruckt er mehr als mit guten Schlägen. Dementsprechend gehen seine Mitspieler gerne ein weiteres Mal mit ihm zusammen auf die Runde.